Liebe Eltern,

die spannenden Geschichten in diesem Buch erleichtern Ihrem Kind den Start in die Welt der Buchstaben. Die große, gut lesbare Schulbuchschrift sowie die farbige Markierung der Silben unterstützen es dabei.

Durch die Einfärbung der Sprechsilben erfassen Leseanfänger die Wörter und ihre Bedeutung leichter. Denn schon Vorschulkinder teilen ein Wort beim Sprechen intuitiv in Silben ein. Die farbige Silbenmarkierung hilft Kindern, die richtige Einteilung auch bei geschriebenen Wörtern zu erkennen und ihren Sinn zu verstehen. So lernen sie schneller, flüssig zu lesen.

Viele bunte Bilder sorgen für Abwechslung und motivieren zu kleinen Pausen. Die klare Text-Bild-Zuordnung unterstützt das Textverständnis. So kommen auch weniger geübte Leser zu Erfolgserlebnissen und entwickeln Freude am Lesen.

Die schönsten
Silbengeschichten
für Erstleser

Mädchen

www.leseloewen.de

ISBN 978-3-7432-1004-2
1. Auflage 2021
© 2021 Loewe Verlag GmbH, Bindlach
Inhalte aus Einzelausgaben der Reihe *Lesepiraten*
© 2004, 2016 Loewe Verlag GmbH, Bindlach
Umschlagillustration: Iris Hardt
Umschlaggestaltung: Elke Kohlmann
Printed in the EU

www.loewe-verlag.de

Inhalt

Annette Moser

Tierrettergeschichten

Illustriert von Carola Sturm

Spinnen-Agenten im Einsatz

Die Lehrerin der 2b
hat eine Überraschung dabei.
„Frau Schneider, was ist denn
in der Pappschachtel?",
fragt Sophie neugierig.
„Kommt alle nach vorne,
dann zeige ich es euch!"

Die Klasse schart sich ums Pult.
„Iiiih, eine Spinne!",
kreischen die meisten.
„Die ist doch cool!", sagt Moritz.
„Finde ich auch!", meint Flo.
„Spinnen sind klug und nützlich",
erklärt Frau Schneider.
„Ihre Netze sind Kunstwerke.
Und sie fressen Schädlinge!"

Sophie rümpft die Nase.
„Ich hasse sie trotzdem", sagt sie.
„Wenn ich zu Hause eine sehe,
rufe ich sofort meine Mama.
Die tötet sie dann!"
Flo schüttelt den Kopf.
„Bestimmt sterben täglich
Hunderte von Spinnen.
Nur weil sich die Leute
vor ihnen ekeln!"

Am Nachmittag haben
Flo und Moritz eine Idee!
Auf zwanzig Zettel schreiben sie:
„Spinnen-Agenten im Einsatz!
Wer ekelt sich vor Spinnen?
Wir helfen schnell!"
Darunter schreiben sie
ihre Telefonnummern.

Die Freunde hängen die Zettel
in der ganzen Nachbarschaft auf.
Schon nach zwei Stunden
meldet sich eine Frau.
„In meinem Keller
sitzt eine Riesenspinne!",
sagt sie mit zitternder Stimme.
Moritz und Flo rasen los.

Sie fangen die Spinne in einem Glas
und setzen sie draußen aus.
„Ihr habt mich gerettet, Jungs!",
seufzt die Frau erleichtert.
Moritz kichert:
„Und die Spinne auch."
Zur Belohnung gibt die Frau
den Jungen drei Euro.

Nach einer Woche haben sie
schon neun Spinnen gerettet
und 22 Euro verdient.
„Echt verrückt, dass uns
die Leute so viel schenken",
sagt Moritz verwundert zu Flo.
„Stimmt", antwortet Flo und grinst.
„Aber praktisch ist es trotzdem.
Spinnenretten macht Spaß
und nebenbei werden wir
auch noch steinreich."

Die Hühner von nebenan

„Kikerikiiii!", kräht es
Sonntagmorgen um sechs.
Maja blinzelt.
„Dieses Mistvieh!", schimpft Papa.
Aber Maja mag den Gockel Gustav.
Er und seine vier Hühner
wohnen nebenan
in Frau Martins Garten.

„Bist du nicht oft einsam?",
hat Maja die alte Frau
einmal gefragt.
„Du hast ja gar keine Familie!"
Aber da hat Frau Martin gelacht.
„Gustav und die Hühner
sind doch meine Familie",
hat sie geantwortet.

Eines Tages hat Frau Martin
Krücken und ein Gipsbein.
„Was ist passiert?", fragt Maja.
Frau Martin seufzt:
„Ich bin ausgerutscht
und habe mir ein Bein gebrochen!"
Maja sieht sich um.
„Und wo sind die Hühner?"

Frau Martin lächelt traurig.
„Ein Mann vom Geflügelhof
hat sie abgeholt", erzählt sie.
„Mit meinem Gipsbein
kann ich mich nicht mehr
um die Tiere kümmern."
Am nächsten Morgen wird Maja
von Papas Schimpfen wach.
„Mist, schon halb acht!
Warum hat der dumme Gockel
denn nicht gekräht?"

Maja wühlt sich aus dem Bett.
„Frau Martin musste die Hühner
an den Geflügelhof verkaufen",
hört sie Mama murmeln.
„Bestimmt haben sie dort
nicht mehr lange zu leben!"
Maja stürzt ins Schlafzimmer.
„Gustav und die Hühner
dürfen nicht sterben!", ruft sie.
„Sie sind Frau Martins Familie!
Wir müssen sie retten!"

Papa blinzelt verdutzt.
„Und wie soll das gehen?"
Maja hat schon eine Idee.
„Wir holen sie zurück
und kümmern uns um sie,
bis es Frau Martin besser geht."
Majas Eltern sehen sich an.
„Ich weiß nicht", brummt Papa.

Aber am Nachmittag fahren sie
tatsächlich zum Geflügelhof.
„Nein, so was!", ruft Frau Martin,
als Maja die Tiere zurückbringt.
Dann muss sie vor Glück weinen.
Gustav und die Hühner wohnen
in ihrem alten Zuhause.
Aber von nun an kümmern sich
Maja und ihre Eltern um sie.

Zur Belohnung gibt es
jeden Tag frische Eier.
Und wenn Papa mal wieder
über Gustav schimpft, sagt Maja:
„Sei froh, dass er dich weckt.
Oder willst du vielleicht
zu spät zur Arbeit kommen?"

Der Fledermaus-Schuppen

„Raus hier,
das ist kein Spielplatz!",
poltert Bauer Riedel wütend.
Michel, Jan und Ben kommen
aus dem alten Schuppen.
„Jetzt habe ich aber genug!",
schimpft der Bauer weiter.
„Nächste Woche reiße ich
die Bruchbude ab! Basta!"

Die drei Freunde erschrecken.
„Und die Fledermäuse?", fragt Ben.
Aber Bauer Riedel antwortet nicht.
Die Jungs schlurfen davon.
Sie lieben den alten Schuppen.
Dort ist es ganz dunkel.
Der perfekte Ort
zum Versteckenspielen.

Das Beste an dem alten Schuppen
sind aber die Fledermäuse,
die in dem morschen Gebälk leben.
Leider gehört der Schuppen
dem mürrischen Bauer Riedel.
Der mag keine Kinder.
Und Fledermäuse sind ihm egal.
„Wartet mal!", ruft Ben plötzlich.
„Ich glaube, ich habe eine Idee!"

Am nächsten Nachmittag
sind die Freunde
mit einem Tierschützer verabredet.
Sie führen ihn zum Schuppen.
„Nicht zu fassen!",
sagt der Mann begeistert.
„Hier wimmelt es ja
von Fledermäusen."

Da stapft Bauer Riedel heran.
Bevor er losschimpfen kann,
ruft der Tierschützer erfreut:
„Ach, Sie müssen Herr Riedel sein.
Die Jungs haben mir schon viel
von Ihnen erzählt."
Bauer Riedel stutzt.
„Toll, dass Sie in Ihrem Schuppen
Fledermäuse nisten lassen",
fährt der Mann fort.

„Die wenigsten wissen,
dass die Tiere gefährdet sind!"
Bauer Riedel räuspert sich.
„Nun ja, äh … man tut, äh …
was man kann", stammelt er.
Der Tierschützer nickt.
„Ich werde einen Artikel
über Sie schreiben", verspricht er.

„Und wenn Sie erlauben,
würde ich Ihre Fledermäuse
in Zukunft gerne beobachten!"
Michel drängt sich vor.
„Klar erlaubt er das!", ruft er.
Bauer Riedel wird ganz bleich.
Aber er traut sich nicht
zu protestieren.

Einige Tage später
ist ein Bild in der Zeitung
mit der Überschrift
„Fledermaus-Schuppen".
Die Jungs grinsen in die Kamera.
Bauer Riedel guckt zerknirscht.
Aber das kann man nur erkennen,
wenn man ganz genau hinsieht.

Tante Mäuseschreck

Svens und Tanjas Eltern
fahren übers Wochenende weg.
Solange sollen die Geschwister
zu ihrer Tante Marta.
„Ihr seid unpünktlich!",
meckert Tante Marta
zur Begrüßung.

Die Kinder verdrehen die Augen.
Das ist typisch Tante Marta.
„Huch, was war das?", fragt Tanja.
„Eine Maus!", ruft Sven lachend.
Ratzfatz rennt die Maus
durch den Flur ins Wohnzimmer.
Sie flitzt übers Parkett
und verschwindet unterm Schrank.

Tante Marta holt einen Besen,
um sie hervorzujagen.
„Ich glaube, die kriegst du nicht",
sagt Tanja kichernd.
„Das werden wir ja sehen!",
knurrt Tante Marta.
Mürrisch stapft sie in den Keller
und holt eine Mausefalle.
Sie legt ein Stück Käse hinein
und stellt sie unter den Schrank.

„Arme Maus", flüstert Tanja.
Als Tante Marta weg ist,
raunt Sven:
„Komm, Tanja!
Wir retten die Maus
vor Tante Mäuseschreck!"
Leise gehen sie ins Wohnzimmer.
Die Maus sitzt auf dem Teppich.
„Los, mach die Terrassentür auf!",
flüstert Tanja ihrem Bruder zu.

Knarz!, macht die Tür.
Da erschrickt die Maus
und springt
hinter die Gardine.
Tanja schüttelt daran.
Ratsch! Der Vorhang zerreißt.
Die Maus flitzt über den Tisch.
„Die Sofapolster!", schreit Sven.

Er und Tanja werfen sie
auf den Boden und bauen damit
einen Gang zur Terrassentür.
Krach! Dabei fällt die Vase um.
Wie ein Pfeil schießt die Maus
durch das Wasser
und über den weißen Teppich.
Überall hinterlässt sie Tapser.

„Komm, kleine Maus!", ruft Tanja.
Sie und Sven werfen mit Kissen
und scheuchen das Tier
in den Polstergang.
„Juhuuuu!", jubeln beide,
als die Maus ins Freie flitzt.
Plötzlich steht Tante Marta
im Zimmer.

„Uaaaaaah!", schreit sie
und schnappt nach Luft.
„Die Maus ist weg!",
erklärt Tanja zufrieden.
Aber Tante Marta
freut sich trotzdem nicht.
Nur die Kinder.
Ihre Eltern holen sie nämlich ab
und sie müssen nie wieder
bei Tante Marta übernachten.

Caretta Caretta

Luisa und ihre Eltern
machen Urlaub auf Kreta.
Heute fahren sie an eine
abgelegene Bucht.
Plötzlich entdeckt Luisa etwas.
Überall im Sand stecken
kleine Käfige aus Draht.

Vorsichtig klopft Luisa
mit ihrer Schaufel daran.
„Stopp, stopp!", ruft da jemand.
Erschrocken dreht sich Luisa um.
Ein Mann und eine Frau
in gelben T-Shirts rennen herbei.
„Caretta Caretta!", schreien sie.
Dabei fuchteln sie mit den Armen.

„Hä?", macht Luisa verdattert.
Zum Glück kann Papa
sich mit ihnen
auf Englisch unterhalten.
„Was ist denn?", will Mama wissen.
„Tja, diese Bucht wird
für andere Gäste frei gehalten",
erklärt Papa.
„Wir müssen woandershin!"

Luisa ist empört.
„Wer bucht denn
einen ganzen Strand für sich?"
Enttäuscht packt sie
ihr Sandspielzeug ein.
Am nächsten Morgen weckt Papa
Luisa ganz früh.
„Ich habe eine Überraschung",
flüstert er geheimnisvoll.

Papa fährt mit ihr und Mama
zu der abgelegenen Bucht.
„Sind die anderen Gäste nun weg?",
murmelt Luisa verschlafen.
Der Mann und die Frau
mit den gelben T-Shirts
sind auch wieder am Strand.
Dieses Mal winken sie freundlich.

Da reißt Luisa die Augen auf.
Hunderte winzige Schildkröten
krabbeln durch den Sand ins Meer.
„Caretta Caretta sind
Meeresschildkröten", erklärt Papa.
„Sie verbuddeln ihre Eier im Sand.
Die Drahtkäfige haben sie
vor Hunden geschützt.
Heute Nacht
sind die Babys geschlüpft."

Luisa staunt.
Der Mann und die Frau
sind Tierschützer.
Ihre Augen glänzen vor Freude.
Jetzt weiß Luisa, für wen sie
den Strand frei gehalten haben.
„Caretta Caretta", sagt sie
und deutet zum Strand.
Die beiden nicken
und strahlen Luisa an.

Eine Belohnung für Samson

Frida und ihr Hund Samson
laufen durch die Nachbarschaft.
Es ist kalt und windig.
Plötzlich spitzt Samson die Ohren.
Auch Frida hat etwas gehört:
eine Art Wimmern.
„Das hört sich unheimlich an",
flüstert Frida ängstlich.

„Los, wir kehren lieber um."
Aber Samson drängt weiter
und reißt Frida mit sich.
„Samson, bleib stehen!"
Der Hund hört einfach nicht.
Er zieht Frida in einen Hinterhof.
Mit der rechten Vorderpfote
scharrt er an einer Mülltonne.
„Wuffwuffwuff!", bellt Samson.

Frida schluckt.
Ihre Hand zittert.
Vorsichtig hebt sie den Deckel,
beugt sich nach vorne und sieht …
eine kleine zerzauste Katze.
Sie schreit kläglich.
„Armes kleines Ding",
sagt Frida zärtlich
und nimmt das Kätzchen hoch.

Sie trägt es nach Hause,
rubbelt es trocken und füttert es.
Anschließend hängt sie
in der Nachbarschaft Zettel auf.
„Kätzchen gefunden",
steht darauf.
Und Fridas Adresse.
Etwas später klingelt ein Junge
mit seiner Mutter an der Haustür.

„Habt ihr Muck gefunden?", fragt er
und zeigt Frida ein Foto.
Tatsächlich!
Das ist das Kätzchen.
Der Junge ist überglücklich.
Seine Mama will Frida
zehn Euro schenken.
„Als Finderlohn", erklärt sie.

Aber Frida schüttelt den Kopf.
„Eigentlich hat Samson
Muck gerettet", sagt sie.
„Verstehe", sagt die Frau lächelnd.
Eine Stunde später
klingelt es wieder.
Dieses Mal hat der Junge
einen Hundeknochen dabei.
„Für Samson, den mutigsten
Tierretter der Welt", sagt er.

Alexandra Fischer-Hunold

Mädchengeschichten

Illustriert von Heike Wiechmann

Ein Bruder für Viktoria

„So ein Mist!", fluchte Viktoria.
Wütend trat sie gegen ihr Fahrrad.
„Ein Platten!", stellte Jana fest.
„Kein Problem,
mein Bruder repariert das sofort."
„Geht nicht", maunzte Viktoria
und rollte mit den Augen.
„Ich muss nach Hause.
Meine Mutter will mir gleich
ihren neuen Freund vorstellen."

„Vielleicht ist der ja ganz nett",
meinte Jana.
„Kann schon sein."
Viktoria zuckte mit den Schultern.
Traurig schaute sie auf ihr Rad.
„Hätte ich doch auch
einen großen Bruder.
Der könnte mir
beim Reparieren helfen!"

„Du kriegst aber
keinen großen Bruder mehr!",
lachte Jana.
Die beiden verabschiedeten sich.
Viktoria schob ihr Rad nach Hause
und lehnte es gegen den Zaun.
Dann schloss sie die Haustür auf.
Der neue Freund ihrer Mutter
war schon da.

Er hieß Jakob
und war eigentlich ganz nett.
Aber das Händchenhalten
der Verliebten nervte.
Da sah Viktoria lieber
nach ihrem Rad.
Vielleicht konnte sie es
ja selbst reparieren.
„So wird das nichts",
sagte da plötzlich eine Stimme.

Vor Viktoria stand ein großer Junge.
Er war mindestens zwölf.
„Dann versuch du es doch!",
erwiderte sie.
„Kein Problem",
meinte der Junge.
Schnell war der Reifen geflickt.
Viktoria war begeistert.
„Bist du neu hier?",
fragte sie.

„Ich heiße Bastian
und bin hier
mit meinem Vater
und seiner neuen Freundin
verabredet!",
antwortete der Junge.
„Moment mal",
stutzte Viktoria.
„Heißt dein Vater
zufällig Jakob?"
„Ja, warum?",
wollte Bastian wissen.

„Weil dann dein Vater
der neue Freund meiner Mutter ist",
klärte Viktoria Bastian auf.
„Ganz schön kompliziert",
lachte Bastian.
„Überhaupt nicht",
strahlte Viktoria.
Dann raste sie rein ans Telefon.
„Jana!", schrie sie in den Hörer.
„Ich habe gerade
einen großen Bruder bekommen!"

Mäuschenklingeln

„In dem Haus dort wohnt eine Hexe!",
flüstert Luisa.
Sie hockt mit Marie, Inga und Torben
hinter einem Gebüsch.
„Woher weißt du das?",
fragt Inga leise.

„Ich habe ihren Garten gesehen",
raunt Luisa.
„Sie züchtet Zauberkräuter!"
„So ein Quatsch!",
ruft Torben.

Luisa schaut ihn
herausfordernd an.
„Dann hast du doch sicher nichts
gegen eine Runde Mäuschenklingeln",
schlägt sie vor.
„Jeder von uns muss
bei ihr klingeln und sich dann
gleich wieder verstecken."

Torben und die anderen zögern,
willigen dann aber ein.
Luisa geht als Erste.
Sie schlendert über die Straße.
Dann schaut sie sich
nach allen Seiten um.
Blitzschnell drückt sie auf die Klingel
und rast gleich darauf
ins Versteck zurück.

Alle starren auf die Tür.
Nichts passiert.
Jetzt ist Torben an der Reihe.
Atemlos kauert er sich wieder
zu den anderen.
Alles ist glattgelaufen.
„Die Gardine hat sich bewegt",
flüstert er.

„Du bist dran, Inga!",
sagt Luisa.
„Nein, ich gehe", bestimmt Marie.
„Meine Schwester kann nicht
so schnell rennen."
Geduckt hechtet sie über die Straße.
Sie klingelt.

Die Tür geht auf,
bevor Marie davonrennen kann.
Ein Bus fährt vorüber.
Die anderen können nichts sehen.

Dann ist Marie verschwunden.
„Die Hexe hat Marie!",
kreischt Inga.
„Wir müssen ihr helfen!",
ruft Torben.
Die Kinder stürmen auf das Haus zu.
Vor der Treppe stoßen sie
mit einer Frau zusammen.

„Mami!",
kreischt Inga erstaunt.
„Frau Korn!",
rufen die anderen.
„Was macht ihr denn hier?",
fragt Frau Korn überrascht.
Das ist schnell erzählt.
„Und diese Hexe
hält nun Marie gefangen",
berichtet Luisa abschließend.

„Soso." Frau Korn lacht.
„Die alte Dame
ist aber gar keine Hexe.
Und sie hält auch Marie
ganz bestimmt nicht fest.
Die Frau verkauft Küchenkräuter!
Ich will gerade welche abholen!"
Marie und die alte Frau stehen schon
seit einiger Zeit im Türrahmen.

Aber die anderen haben sie
nicht bemerkt.
„Guten Tag, Frau Korn!",
grüßt die alte Dame.

„Ich habe Ihrer Tochter
die Kräuter schon gegeben!
Was sehen Sie beide sich ähnlich!
Ich wusste gleich,
dass das Mädchen
zu Ihnen gehört.
Dazu braucht man wirklich
keine Hexe zu sein!"

Der beste Vater der Welt!

Unruhig zappelte Stella hin und her.
Sie wartete auf ihren Vater.
Er hatte immer sehr viel Arbeit.
Der Schlüssel drehte sich im Schloss.
Endlich, er kam!

„So, meine Große",
sagte er.
„Jetzt gehen wir beide bummeln!"
Stella strahlte.

Den ganzen Nachmittag
hatte sich ihr Vater
für sie freigenommen.
Die beiden spazierten in die Stadt.
Erst schleckten sie in der Sonne
ein Eis.
Dann gingen sie zum Friseur.
„Einmal Haare schneiden, bitte!",
sagte Stellas Vater. „Und du?",
fragte er seine Tochter.

„Ich möchte eine lila Haarsträhne",
sagte Stella.
Sie ließ sich
in den Sessel plumpsen.
Ihr Vater lächelte sie an.
Dann nickte er dem Friseur zu.
„Eine lila Strähne für meine Tochter!",
sagte er.
Der Friseur machte sich
an die Arbeit.

„Das hätte Mama mir nie erlaubt!",
dachte Stella glücklich.
Die Strähne war superklasse!
In der Parfümerie kaufte Papa
einen Lippenstift für Mama
und einen für Stella.

„Ich nehm doch
noch keinen Lippenstift",
sagte Stella kleinlaut.
„Egal,
dann kannst du
schon mal üben",
meinte ihr Vater.

Dann ging es in den
Vergnügungspark.
Stellas Vater machte alles mit:
Achterbahn, Geisterbahn
und Wildwasserbahn.

Er schoss sogar eine Blume für sie.
Der Nachmittag ging schnell vorüber.
Im Auto klopfte Stella ihrem Vater
auf die Schulter.

Er drehte sich zu ihr um.
Und Stella flötete:
„Du bist der tollste Pa
auf der ganzen Welt!"
„Danke!", erwiderte ihr Vater.
„Ich hab ja auch die tollste Tochter
auf der ganzen Welt!"

Der Lesewettbewerb

Cora ist total aufgeregt.
Heute ist Schulfest.
Und alle wollen Geld
für den Schulgarten sammeln.
Die Kinder aus Coras Klasse
veranstalten einen Lesewettbewerb.
Für jede richtig gelesene Zeile
gibt es Geld.

Macht ein Kind einen Fehler,
ist das nächste dran.
Eigentlich kann Cora
nicht so gut lesen.
Aber sie hat fleißig geübt.

„Im Klassenraum der 2b
beginnt jetzt der Lesewettbewerb",
ruft Frau Meyer, die Klassenlehrerin.
Schon strömen Eltern und Schüler
in das Klassenzimmer.
Frau Meyer erklärt die Regeln.

Dann sagt sie:
„Pia macht den Anfang.
Wie viel bekommt sie
für jede richtig gelesene Zeile?"
„20 Cent!", ruft eine Frau.
„30 Cent!", ruft Pias Mutter.
„Insgesamt 50 Cent",
rechnet Frau Meyer.
„Los geht's!"

Pia liest wie ein Weltmeister.
Am Ende bringt sie es auf drei Euro.
Jetzt ist Marc an der Reihe.
Auch bei ihm läuft es gut.
Zwei Euro 80 Cent sind sein Gewinn.
„Nun zu Cora",
sagt Frau Meyer.
„Ich biete 50 Cent",
ruft Coras Oma.

„Ich 40",
verkündet Coras Mutter.
„90 Cent. Dann mal los",
sagt die Lehrerin.
Cora beginnt.
Sie liest langsam.
Aber in der dritten Zeile
bleibt sie hängen.
Enttäuscht schaut sie hoch.

„Einen Euro und 80 Cent",
schreibt Frau Meyer
an die Tafel.
Schon ist das nächste Kind dran.

Am Ende stehen viele Zahlen
an der Tafel.
Cora hat am wenigsten Geld verdient.
„Ich danke euch allen",
sagt die Lehrerin.

„Es ist egal,
wie viele Zeilen ihr gelesen habt.
Ihr habt euch alle angestrengt.
Es gibt keine Verlierer. Nur Gewinner.
Denn mitgeholfen habt ihr alle!"
Da strahlt Cora.
Daran hatte sie gar nicht gedacht.

Eine neue Freundin

Rike ist neu in der Stadt.
Aber am liebsten würde sie
gleich wieder wegziehen.
Alle Kinder in der Schule
haben Freunde.

Nur Rike nicht.
Deshalb schlendert sie auch allein
von der Schule nach Hause.

Wütend tritt sie gegen einen Stein.
Ein paar Meter vor ihr
läuft ein Mädchen
mit kurzen braunen Haaren.
Es sieht nett aus.
Gerne hätte Rike es angesprochen.
Aber sie traut sich nicht so recht.
Plötzlich stolpert Rike.

Nanu, was ist denn das?
Eine Geldbörse!
Rike hebt sie auf.
Einen Geldschein, Münzen
und eine Karte vom Schwimmverein
findet sie darin.
Auf der Karte stehen ein Name
und eine Adresse.

Rike runzelt die Stirn und liest:
Lena Hoffmann
Veilchengasse 4
Rike überlegt.
Dann läuft sie schnell nach Hause.
Auf dem Stadtplan
findet sie die Veilchengasse.
„Die ist ja ganz in der Nähe",
murmelt Rike und macht sich
sofort auf den Weg.

Als sie in die Veilchengasse einbiegt,
sieht sie das Mädchen
mit den braunen Haaren.
Mit gesenktem Kopf läuft es
über den Bürgersteig.
Es scheint nach etwas zu suchen.

Plötzlich schaut es hoch.
„Ich habe meine Geldbörse verloren.
Mein ganzes Taschengeld ist darin",
ruft das Mädchen.

„Heißt du Lena Hoffmann?",
fragt Rike.
„Ja!", sagt Lena.
„Die habe ich eben gefunden."
„Meine Geldbörse!",
ruft Lena.
Sie fliegt Rike um den Hals.

„Danke!", jubelt sie.
„Kein Thema!",
sagt Rike und dreht sich um.
„Hey", ruft Lena.
„Magst du mit mir spielen?"
Rike strahlt Lena an.
Klar will sie.

Annette Moser wurde 1978 in Hamburg geboren und arbeitete nach ihrem Studium mehrere Jahre als Lektorin in einem Kinder- und Jugendbuchverlag. Heute lebt sie mit ihrer Familie in Nürnberg und schreibt leidenschaftlich gern Kinderbücher.

Carola Sturm, geboren 1965 in Berlin, war schon als Kind von Bilderbüchern fasziniert und liebte das Malen. Sie studierte Kommunikationsdesign mit Schwerpunkt Illustration. Seit 1994 arbeitet sie freiberuflich als Illustratorin und malt am liebsten für Kinder. Ihre schönsten Bildideen hat sie bei langen Hundespaziergängen durch die Natur.

Mit der Lektüre von Mary Poppins begann für **Alexandra Fischer-Hunold** die Liebe zu Büchern. Folgerichtig studierte sie später deutsche und englische Literatur. Seitdem liest sie nicht nur, sondern schreibt auch erfolgreich Vorlesegeschichten und Kinderbücher.

Heike Wiechmann wuchs an der Ostsee auf. Nach einem Studium der Pädagogik und Illustration arbeitete sie als Spielzeugdesignerin und reiste dabei um die halbe Welt. Heute schreibt und illustriert sie Kinderbücher und lebt mit ihrer Familie in Lübeck. Mehr über Heike Wiechmann findet ihr auf ihrer Homepage *www.heike-wiechmann.de*.